कहाँ हो गयी भूल

शर्मिला कुमारी

Title: Kahan Ho Gayi Bhool
ISBN: 9788196148881
Author : Sharmila Kumari
© Sharmila Kumari

प्रकाशक

शिवरंग

(An imprint of Avarang Books)

बी-347, संजय विहार,

मेरठ रोड, हापुड़-245101 (उ.प्र.)

Email: sanmati555@gmail.com

प्रथम संस्कर: फरवरी 2024

Print & Published by:

Tingle Books, Hapur

प्राक्कथन

माँ अपने नवजात से संवाद शुरू करती है और यह जीवन भर चलता रहता है। वह यह नहीं सोचती कि यह संवाद कितना सफल होता है। वह लगातार अपना सुख दुःख, उत्साह हताशा, वातावरणस्थिति, आशा आकांक्षा बताती रहती है। बच्चा सुनता खेलता बढ़ता रहता है और स्थिति को समाज को विकास को समझताआत्मसात करता रहता है। यह विकसित बेहतर समाज की रचना का आधार बनता है। एक अच्छी दुनिया सजाता निर्माण करता है। यह भविष्य की संभावनाओं का विस्तार है। एक माँ के संवाद की तरह मैं यह संग्रह आप तक पहुंचाना चाहती हूं। पढ़िए, गुणीये, सुधार करिये।

- शर्मिला कुमारी

अनुक्रमणिका

कहाँ हो गयी भूल

मैंने कोड़ी
जमीन थोड़ी
गोबर डाला
पानी डाला
उसमें रोपा
फूलों की डाल
समय बीता
बढ़े पौधे
जन्में पौधे
पर हुआ कमाल
दूब जन्मी
मोथा जन्मा
सूख गये पर फूल
बैठा चुपचुप
देख रहा मैं
कहाँ हो गयी भूल।

हे मेरे तुम

कर्म फलों की
काटी फसलें
बाँधा बोझा
उल्टा सोझा
कैसा है तू
सारा मेहनत
बेकार दिया
सारा जीवन
बर्बाद किया
जन्म लिया
मरने खातिर
वंचित अकिंचित
बना रहा तू
कैसा है तू।

बादल

किस दुनिया के हैं ये बच्चे
कैसे आते हैं ये बादल
घोड़ा बनते हाथी बनते
गले मिलते साथी बनते
कभी कमीज ये लाल पहनते
कभी भेड़ की खाल पहनते
लुक्का चोरी भागदौड़ का
कैसे कैसे खेल खेलते
कभी समुद्र से लाते पानी
कभी आपस में धूल उड़ाते
कौन डाँटता इतने जोर से
कौन चलाता बिजली सा थप्पड़
डर कर इतना रोते रोते
चले कहाँ जाते ये बादल।

अन्तर मन्तर

लाल समुन्दर काला बन्दर
धूर्त मंत्री राजा जोकर
दिवास्वप्न औ झूठ का वावण्डर
बात हवा की जनता के अन्दर
बन्द खिड़कियाँ अंधेरा कमरा
भजन भक्त की खुशी का जन्तर
झूठ बेइमानी आडम्बर में फँसा
नाच रहा है मस्त कलन्दर।

आज ही

गुड़िया रानी
बड़ी सयानी
दिन भर लेटी रहती है
खाना मैं पकाती हूँ
पानी भरती बुढ़िया नानी
वह बस देखा करती है
थाली उसके पास लगा दो
और गिलास में रख दो पानी
खाने को उसको
फिर भी बैठानी पड़ती है
रूप का उसको बड़ा गर्व है
धन का उसको बड़ा मान है
नखरे उसके सभी
हमें उठानी पड़ती है
नहीं रहूँगी साथ मैं उसके
आज ही कुट्टी कर लूँगी
रहे जिसके साथ वो चाहे
अपनी मैं छुट्टी कर लूँगी।

ऐ चिड़ियाँ

ऐ चिड़ियाँ
क्या सचमुच
धरती जहाँ समाप्त होती है
वहीं से शुरू होता है आसमान
ऐ चिड़ियाँ!
क्या सचमुच
कितना भी प्रयास करने से
बँटता नहीं आसमान
ऐ चिड़ियाँ!
सच सच कहना
इतना बड़ा, इतना ऊँचा है आसमान
तू कैसे छूती हो आसमान
ऐ चिड़ियाँ!
तुम मुझे साथ ले चलो न
ऐ चिड़ियाँ।

पों पों पों

रोलर रोटर, ट्रक मोटर पों पों पों
दिल्ली बम्बे, हट मोटू लम्बे पीं पों पों
करो नहीं तुम होशियारी पों पों पों
चढ़े सवारी बारी बारी पों पों पों
ताजमहल है देख आगरा पीं पीं पीं
पीछे रख तू जूते नागरा पीं पीं पीं
देखो आया जुहू बान्दरा पों पों पों
देख समन्दर चल चल अन्दर पीं पीं पीं
साइड दो तुम करो किनारे पों पों पों
लम्बी चौड़ी सड़क हमारे पीं पीं पीं।

पहचान

खेल खेल में बतलाता हूँ
तुम भी इसे अपनाना
तुमसे क्या छिपाना
तुम है मेरा दोस्त पुराना
मुझको तो अच्छा लगता है
मोबाइल सेट चलाना
एक बटन में प्रार्थनाएं
एक बटन में गाना
मिनट मिनट पर सेल्फी लेना
इसमें क्या शर्माना
इससे ही मैंने सीखा है
झूठ और बहाना
तुमने तो इतना सब जाना
गलत मित्रता को पहचाना।

आज शोक नहीं लज्जा का है दिन

एक बीमारी हल्ला भारी
भाग रहे थे घर को लोग
लूटपाट के सब व्यापारी
बदहाली के काम सरकारी

अनजान भटकते दिशा दिशा में
पैदल ही पैदल सब ओर
बचा नही था पैसा कौड़ी
बचा नहीं था खाना दाना
बचा नहीं था करने को कुछ
बचा नहीं था ठौर ठिकाना
बची हुई थी कुछ उम्मीदें
बस बची हुई थी घर की आशा

साथ लगा था भय, अनिश्चय
साथ लगी थी दु:खद हताशा
ऐसे ही भागते माँ बेटे को
दो हजार मील चलना था
सभी दिशायें मौन, हवाएँ बन्द

हर दरवाजा बन्द दिखता
बस थकान ही थकान था
और शरीर में ऐंठता प्राण था
ऐसे चल चल कर कहाँ जायेगे
माँ अब हम न चल पायेगे

कहाँ हो गयी भूल/17

अनजान जगह में भरी दोपहरी
बीच सड़क पर वह मर गया
लोगों के साथ रही लाचारी

क्या करती वो माँ बेचारी
छाती कुटती रोती रोती भूखी प्यासी
दो दिन बाद वह भी मर गयी
वह भी गयी मर ... भरी देपहर.. बीच सड़क पर।

मत हो उदास

अंधियारी रात्रि
अस्पष्ट है सब कुछ
साथ थकी पीढ़ी हताश
उलझी झाड़ियाँ
आवाजें कोलाहल
फिर भी जारी है तलाश
संघर्षरत है एक पीढ़ी।

तोड़ती पत्थरें दीवारें
उद्दिप्त है आत्मविश्वास
मत हो, मत हो उदास
चिटियाँ ढ़ो लेगीं
सर्पों की लाश।

ओ हवा, ओ वायु

ओ ताजी हवा
बूढ़े फेफड़ो में भरो
इस प्रदूषण संकट में
ओ शीतल बयार
अंग अंग का स्पर्श करो
संघर्षपुर्ण जीवन की थकान हरो
ओ मन्द मृदुल समीर
मन को प्रफुल्लित करो
नवजीवन गंध भरो
ओ पवन प्राण
उमंग नवउमंग
बहो बहो बहो
ओ वायु
मुक्ति का कर गहो
इस अंधकार में
ओ आततायी वात
विज्ञान की मार पड़े
नाश सर्वनाश सहो!

ओ मेघ

और बरसो मेघ
तृषित धरती के
झूम उठे प्राण
सोंधी सुगंध ले
दौड़े हवाएँ
चहक उठे पेंड
आशा से भर उठे
त्रसित किसान
बरसो, बरसो मेघ।

आँधी

तेज दौड़ता

धूल उड़ाता

पेड़ उखाड़ता

घर गिराता

सब कुछ तितर बितर कर देता

सब कुछ तहस नहस कर देता

पर न कुछ तू नया बनाता

तुझसे किसी की नहीं भलाई

तू मूरख है,तू नअच्छा

तू गन्दा है शैतान बच्चा

मैं न तुम्हारे साथ रहूँगा

रे हवा के भाई

चाहे जितना लालच दे ले

चाहे कर ले लड़ाई

बुरे के साथ रहने से

मिलती है सिर्फ बुराई

इसीलिए हो सकता तू न मेरा साथी

जब तक तू न अच्छा बन जा

रे आँधी रे आँधी!

बदल रहा है

एक दिन देखा सियार ने
यह तो बड़ा निराला है
रातोंरात बदलती चीजें
क्या कुछ होने वाला है
लगी गिलहरी मुँह पोछने
चीता चल रहा हिरण की चाल
बन्दर ऊँची कूद रहा है
पेड़ कुछ कुछ बोल रहा
रेंग रेंग कर नाग चल रहा
गदहा शान से लोट रहा
भेड़िये जासूस बने फिर रहे
हाथी पी के मतवाला है
कहा सिंह ने दाढ़ी बनाओ
कुछ तो गड़बड़ झाला है।

हवा देखने गयी

कहा नदी ने कितना सुन्दर है पहाड़
हवा दौड़ कर गयी देखने
पेड़ो ने बतलाया उठिये दादा
कोई आपसे आया है मिलने
रहे खेलते भालू बन्दर
किरण झाँक कर देख गयी
बादल पानी लेकर आया
फूल दे गयी सुगंधित खाना
चिड़ियों ने मिल गया गाना
स्वागत का वही दस्तूर पुराना।

कुछ अच्छा करो

चुपचाप बालू पर लेट रहा
मगर धूप में देह सेंक रहा
छोटी चिड़याँ ने देखा तो
पास आ धीरे से पूछा
दादा ऐसे लेटे क्यों हैं
क्या दाँत में दर्द हो रहा
मुँह खोल कर अभी दिखायें
लाओ दूँ मैं दर्द भगाये
दाँतों में तो दर्द नहीं है
पर कुछ तो फँसा कहीं है
अच्छा करने की आदत डालो
लो दाँत का फँसा निकालो।

मचलना

मम्मा वे दोनों दौड़ रहे हैं, मुझे भी जाना है

मैं जीतूगाँ अभी जाकर दौड़ लगाना है

क्या मिलता है, क्या मिलेगा, मैं नहीं जानता

देखो दौड़ चल रही है मुझे भी पाना है

जो करो वह सबसे हो अच्छा

बेहतर से बेहतर करना सीखो

ऐसे तो सिर्फ थक जाना है

जल्दी आओ घर जाना है।

मुझपर करो भरोसा

मम्मी तुम जाओ बाजार

मैं देखूँगा सारा घर बार

दादा जी को जगा दूँगा

दवाई भी खिला दूँगा

यहीं खिलाऊँगा मुन्नी को

खाना समय पे खिला दूँगा

माँ मुझपर करो भरोसा

रखें विश्वास जरा न डरें

और उनको भी समझा दो

पापा मुझको तंग न करें।

अपना संबंध

सावन के सुन्दर दिन है
बादल, किरणे खेल रहे हैं
हरे घास हैं फैले घनीले
मैदान में चर रही भूरी भैंस,
जगह जगह वह मिट्टी सनी है
उसकी पीठ पर चिपके हैं रक्तचूषक
छोटे छोटे कीड़े मकोड़े मक्खी
जिसे बैठी खा रही श्यामचिड़ी पक्खी,
लगता है भैंस पर सवार जा रही रानी
पीछे पीछे बगुले चल रहे करते निगरानी
भैंस धीरे रही टहल है
और सब कुछ बहुत सहल है।
सब का हित का अपना संबंध बना है
ऐसी ही यह सुन्दर प्रकृति बनी है।

बन जाओ महमूद

पेड़ों की निरानी कर दो
पौधों को दो खाद
फिर हवा की खुशबू देखो
और फलों का स्वाद
चिड़ियों को दाना दे दो
और प्यासों के लिए पानी
खरगोश को घास दे दो
और गायों को दो सानी
कुत्तों को रोटी का टुकड़ा
बिल्ली को दो थोड़ा दूध
सबसे मिल जुल कर तुम
बेटे बन जाओ महमूद।

हम बहुत दूर बहुत दूर तक जायेंगें

हम बहुत दूर बहुत दूर घुमने गये थे
बस पर चढ़कर बोकारो स्टेशन गये थे
रेलगाड़ी से कलकत्ता गये थे
वहाँ मेट्रोरेल से गये थे मैदान
ट्राम से आये थे काली मन्दिर
हवाई जहाज से गये थे अण्डमान
आसमान से धरती देखे बादल देखे
स्टीमर से रोजआयलैंड, हाथी द्वीप गये थे
जहाँ था हिरण और बन्दर थे
नाव से हैवलॉक गये थे
समुन्दर में जेलफिश, डॉलफिन, मूंगा देखे
बरटाँड़ में जारवा आदमी, राँची के बसे लोग
और कीचड़ की ज्वालामुखी देखे
जंगल, पहाड़, समुन्दर सब धूम धूम कर देखे।
बहुत बहुत जेल, बीस तल्ला ऊँचा जहाज
और चिड़ियाँ टापू से लौटते समय
सड़क पर गिर गया था बड़ा पेड़ हमारे रास्ते पर
हम उस पेड़ के नीचे से घुस कर हुए पार
जी, हम बहुत दूर बहुत दूर घुमने गये थे
हम मन लगा कर पढ़े लिखेंगे और
बड़ा होकर चाँद पर जायेंगें/हम बहुत दूर दूर जायेंगें।

आज गौरैया..

थाना के सामने था एक पेड़

उसके नीचे प्लास्टिक कीझोपड़ी

उसमें रहती थी एक बुढ़ी

उसका नहीं था कोई सहारा

माँग माँग कर करती गुजारा

खाली झोपड़ी बिन रखवारा

एक दिन उसमें लग गयी आग

तुरत हो गयी आग ही आग

कौआ बोला भाग सब भाग

रेंगनेवाले कैसे दौड़ेंगे

पेड़ कैसे सकते हैं भाग

आओ सब मिल रोको आग

सबको अपनी अपनी पड़ी है

बगल में थाना चुपचाप खड़ी है

आज गौरैया खुब लड़ी है।

पता नहीं

एक कुत्ता पहुँच गया बाजार
सोना चाँदी के दुकान बहुत थे
घड़ी, साइकिल, बाजा, बर्तन
अनाज के गोदाम बहुत थे
ठेले खोमचे वाले भी थे
फुटपाथ पर भी दुकान लगी थी
भीड़ भाड़ भी थी अच्छी खासी
दुकानों में भरे हुए थे खरीददार
पता नहीं ये क्या खाते पीते थे
 उसके खाने को तो थे सिर्फ दुत्कार।

समझ अजब का खेल

एक साँप था भोले बाबा का
एक मनौती का पेड़ था
एक नदी थी पुत्रदायिनी
एक कुत्ता भैरव बाबा था
एक बैल भविष्य बताता
एक शिला थी मनोकामनी
एक घोड़ा नाल बेचता
एक हाथी आशीर्वाद,
एक बन्दर दान माँगता
भालू नाचे भरे बाजार
जैसे जैसे दु:ख बढ़ते थे
वैसे वैसे बढ़ता डर
नये नये तिकड़म बढ़ते थे
नये नये बढ़ता व्यापार
जरा गौर से देखो इनको
कहाँ पड़ा इनका आधार।

एक कहानी उस देश की

फैला रहा था जहाँ प्रकाश
हवा पानी बहता सुन्दर
ऊपर दिखता था आकाश
अंधेरे से निकल एक व्यापारी
लगा बनाने जनाधार
रोज नया समाचार सुनता
मनगढ़न्त झूठ बतलाता
फैला अविश्वास, नफरत भारी
शुरू हो गयी मारामारी
खुद भी फँस गया वह व्यापारी
ऐसी पड़ी उसको मार
चौपट हो गया सब व्यापार
फिर खजाने हो गये खाली
बिकने लगे लोटा थाली
बर्बादी ने सब को घेरा
फैल गया सब ओर अंधेरा
ईर्ष्या लोभ का यह था वेश
बदहाली में फँस गया देश।

ये हम हैं

सन्यासी हैं गुरू हैं संत हैं योगी हैं
वे जानते हैं स्वर्ग नरक की हकीकत
सब साधन है पास उनकी चाहत के
कार बंगला शिष्य सिंहासन
फोन टेलीविज़न बन्दूक विलासन
वे हत्या बलात्कार किये जाते हैं
ये धर्म के नशे में धूत्त लोग हैं अपने
जो सब उनके कुकर्म सहे जाते हैं
उनको तो सुख सुविधा से मतलब है
ये हम हैं जो जलालत में जीये जाते हैं।

मेरी लड़ाई

मेरी माँ खेतों में काम करने जाती थी
पिताजी शहर गये थे करने काम
कुछ पैसे समान जुटा कर
वे बहुत दिवों पर लौटते गाँव
माँ चाहती स्कूल जाऊँ पढ़ूँलिखूँ मैं
गाँव में ही था छोटा स्कूल
पर न पढ़ाने का था, न खेलने का कुछ
वह भी कभी कभी खुलता था
बहुत लोग जुटते थे उस दिन
कभी चावल कभी पैसा मिलता था
हम गलियों में खेला करते
और बड़ा हो मजदूर बन गया
गरीब अनपढ़ मजबूर बन गया
और शहर आ गया करने कमाई
मैं चाहता हूँ अब बन्द हो यह रस्ता
भाई यही है मेरी लड़ाई।

दुनिया को बेहतर बनाओ

गाय का बेटा रह गया बैल
भक्ति आयी कुछ न काम
नन्दी की मिहनत हो गयी फेल
वास्विकता का खोकर ज्ञान
काकभुसुंडी की सन्तान
कर रहा है मल का पान
हर काम का है एक मान
लोभ में चेष्टा का यह फल
खो देता है येष्ट सम्मान
गलत काम से दु:ख बढ़ता है
जाता अपयश हर दिशा में फैल
पढ़ो लिखो और खूब कमाओ
दुनिया को बेहतर बनाओ।

चलो जानते हैं कहानी आज

शेर स्वभाव का मांसाहारी
ताकतवर शातिर शिकारी
गेंडा हरदम चरता रहता
पेट कभी न उसका भरता
हाथी बहुत जोर से बोलता
पूरा जंगल फिरता डोलता
कुत्तों का था संगठित समूह
चीतों भेड़ियों की मनमानी
सबको भाता बन्दर की शैतानी
कौन समझता हिरणों की परेशानी
बहुत तरह के नागरिक हैं इसके
बहुत कमजोर बहुत लाचार भी
और बहुत फैला है समाज भी
पर चलता नहीं था कोई एक कानून
मनमना ही सब काम काज
इस तरह बना है जंगल राज।

तितली सुन्दर हो गयी

बादल गरज रहे थे नभ में
बिजली चमक रही थी
अंधेरा डरा रहा प्रकाश को
बूँदे बरस रही थी
चारों तरफ संकट था भय था
बाहर मुश्किल खड़ी थी
सबके सब दुबके बैठे थे
किसको क्या पड़ी थी
ऐसी विषम घड़ी में
तितली साहस कर निकली थी
बाहर सूरज की किरणों से
सात रंग बरस रहे थे
काले उजले साथ थे उनके
सबसे मिलने को तरस रहे थे
तितली को उड़ते देखा तो
दौड़े मिलने आये
तितली की पंखों पर बैठे
अंतर्मन से वे हर्षाये
दूर दूर तक सैर करा कर
तितली सुख में खो गयी
दुःख और भय से बाहर होकर
तितली सुन्दर हो गयी।

चुनाव वाले दिन हैं

रोज रोज जुलूस निकलता
गली गली नेता घूमते है
तरह तरह के गीत प्रचार के
तरह तरह के तिकड़म चलते
अभी चुनाव वाले दिन हैं
अभी मिठाई वाले दिन है
यही चुनाव का मौका है
वोट डालने सब जायेगा
जो इसमें भूल करेगा
पाँच साल फिर पछतायेगा
अभी समझदारी के दिन हैं
अभी होशियारी के दिन हैं
गली गली में शोर है
जीतेगा भाई जीतेगा
जन जन की जो चाह रही है
अबकी बार अपनी सरकार।

छोटे छोटे प्रश्नों से शुरूआत करें

जानी पहचानी घटना को सहज समझ पाते हैं लोग

मनोरंजक पल से मनोरंजन, दु:ख से दु:ख पाते हैं लोग

इसीलिए गढ़ उचित कहानी लोग को लोग सुनाते हैं

और इसी को सच मानकर लोग ठगे भी जाते हैं

इसीलिए हर धरम गुरू ने गढ़ी जरूरी कहानी

पर वे क्यों कैसे जैसे खोज से घबड़ाते हैं

क्योंकि वे तो शून्यता के संसार में बड़बड़ाते हैं

और तर्क से जान न पायें निषिद्ध कर दिये जाते लोग

विवेक के कारण ही तो मनुष्य मनुष्य हो पाता है

पर आस्था में विवेक से ही हीन हो जाते लोग

इसीलिए जरूरी है ज्ञान और विवेक बढ़ाते चलना

जिसके अभाव में पशु से मनुष्य नहीं हो पाते लोग

आओ छोटे छोटे प्रश्नों से हम शुरू करें

कैसे भय और अज्ञान गढ़ते भूत भगवान

कैसे पृथ्वी सूरज की परिक्रमा करती

कैसा होता दिन रात गर पृथ्वी होती चपटी

क्यों बनते हैं रीति रिवाज और त्योहार

कैसे मान्यताएँ चलाती है सब व्यवहार

पहचाने छिपा स्वार्थ और सत्ता का व्यापार

आओ छोटे छोटे तर्कों से हम आगे बढ़े।

खुश रहो

दूसरे की सुनो अपनी कहो
सोचते समझते खुश रहो
सुबह, दोपहर, रात बीत गयी
सुख दुःख की चाल रही वैसी
बहुत कुछ बदल कर याद हो गयी
कल की दुनिया बदल आज हो गयी
नया-नया सीखो समय से
अपने को अनुकूल बनाओ
दूसरे की सुनो अपनी कहो
सोचते समझते खुश रहो।

नदी सूख जाती है डूबोने भर से

मैंने देखी है स्रोत से सुखी नदी और आत्महत्या करते लोग
ब्रह्मांड किरणे लगातार क्या लिख रही लगातार हमपर
जैसे हम हवा के कण पर लिख रहे है रचते एक नया संसार
लगातार नये नये सूत्र बन रहे हर समय कठिनतर
विलुप्त होता जीवन कही उगता नहीं दिखता है
नदी लौटती नहीं सूख जाती है
महत्वाकांक्षा का आकर्षण निगल लेता पास के सब
एक भंयकर बदलाब जो नंगी आँख दिखता नहीं।

देश और परिस्थिति

ऊँट जहाँ जीवन के लिए काँटे खाते हैं
पता नही गदहे वहाँ क्या खोजने जाते हैं
हर रेगिस्तान की अपनी मरीचिकाएं होती है
जैसे हर जंगल की अपनी राह विथिकाएँ होती है
जैसे खतरनाक है रेगिस्तान में आँधी और दिशाबोध
जंगल में है आकर्षण और पहचान दुर्बोध
रेगिस्तान मे दहशत है जगह बदलते बालुओं का ढ़ेर
जंगल में दहशत का नाम है समूह या शेर
वैसे आदमी में भी हैं कुछ जो शेर कहाते हैं
बालुओं से भी व्यापार निकाल लाते हैं
व्यापार तो लाभ के लिए काम करना है
अपराध से भी तो हम लाभ कमाते हैं
यह दौर ही ऐसा चल रहा है यहाँ
अस्पताल भी तिकड़म से पैसे वसूलने
और लोगों को मारने के लिए जाने जाते हैं
युद्ध, दंगा, हत्या, नशा से चलती है सरकार
हम आदमी हैं मार काट से ही अपनी औकात बताते हैं
बच्चों एकसाथ के विरोध से ही बदलेगी दुनियां
 संगठित प्रयास निश्चित दिशा में हो अगर लगातार
अगर भ्रम में नहीं फँसे हैं तो इतिहास है
अकेले का बहुतों साहस वैसे सफल नहीं हो पाते हैं।

वही बता सकते हैं

टपकती झोपड़ी में गुजारनी पड़ती है रात

वे जानते हैं कि रात को सोया नहीं जाता है

डूबते हुए गाँव के लोग से पूछें धारा का हाहाकार

हवाई जहाज से बाढ़ दिखता है लोगो का दर्द नहीं

खाना पीना सोना रहना सब भय और अनिश्चय में हो

तो पता चलता है जीवन का मोल

बाँध पर ठहरे बाढ़पिड़ित बता सकते हैं

भय सरकार और समाज का चरित्र

अखबार में सहानुभूति नहीं छप सकती

और न पेशेवर में उपजती है यह

संकट जब सर पर हो तो नींद नही आती है

जीवन तो वह है जिसके पीछे पीछे चले मौत

समय और स्थिति का इन्तजार करते

पर लोग मृत्यु के डर से भागते रहते हैं।

बाढ़ रोको

मर गये ताल तलैये मर गयी नदी
अब कहाँ ठहरें बरसा का पानी
रोते रोते पस्त हुए छप्पर औ छानी
सबकी चाह रही बेमानी
कब तक खड़े रह सकेंगे दीवार
दुखों की मार से दिख रहे हाड़
सब जीव झेल रहे विपत प्रगाढ़
छाती पर है सवार समय का पहाड़
हाथ पैर फैला कर पसर रही बेइमानी
उसकी ही सेवा में लगे हैं सब ज्ञानी
बह रहे संचय और हासिल है बदी
ऐसे ही कट रही लस्तपस्त यह भी सदी
बाढ़ बाढ़ बस बाढ़ ही बाढ़
पानी जो जीवन है पानी जो है आनन्द
अति के कारण
उसमें ही बह रहा डूब रहा नष्ट हो रहा जीवन
रोको अब लोभ की आड़, नहीं चाहिए बाढ़।

ऐसे गाँव बना

पहले यहाँ जंगल झाड़ी था तब मैं आयी
बहुत भयानक जीव जन्तु का वास यहाँ था
लोगों ने कुछ पेड़ काटे, झाड़ी छाँटी, जगह बनाया
फिर कुछ हिस्सा और बढ़ाया, आग लगाई खेत बनाया
तब कहीं रहने लायक हुई जगह ये
बहुत दिनों तक जानवरों और हममें संघर्ष ठना
और परिवार से बना बसावट, फिर गाँव बना
यहाँ हर जीवन का संघर्ष है सहल परिवेश बनाना
अपने को दूसरों से निरन्तर श्रेष्ठ बनाना
यह प्रकृति ही है सारे जीवजन्तुओं की माई
पर अपने सामर्थ्य से सबने अपनी जगह बनाई
और जारी है यह निरन्तर श्रेष्ठता की लड़ाई।

और आदमी..

एक मेढ़क जिसने जमापानी होने की सूचना दी
एक मछली जिसे खाकर मुझे आगे जिन्दा रहना था
एक कछुआ जो अनायास पकड़ में आ गया
वे सब जो मेरे जिन्दा रखने में सहयोगी थे आदरणीय थे
और डरावने जो मृत्यु का कारण हो सकते थे पर दुश्मन नहीं
आग से परिचय के पहले दुश्मन का आभास न था हमें
आग पेड़ों-पौधों को जलाकर जिन्दा रहता था
तेज हवा पानी मिट्टी से मर जाता था
आग ने बदला सब कुछ समूह का जीवन दिया
आदर से पूजा तक लाया, प्रकृति की क्रिया से परिचय
कराया।
क्रिया के आधार पर देवताओं की रचना संभव किया
जीवन पोषण मृत्यु का तीन अलग देवता
समूह के जीवन ने गणित की आवश्यकता तक लाया
अपनी जरूरत का महानायक जोड़ घटा कर बनाने की कला
गणित के विस्तार ने शून्य और अनन्त की चेतना दी
दशानन, शतग्धनि, सहस्त्रबाहु,अनन्तसागर समझना
फिर सर्वशक्तिमान की आवश्यकता ने ईश्वर बनाया
इसतरह यह ईश्वर तो गणित से छोटा है क्योंकि
इसमें शून्य और अनन्त की चेतना है...और मानव से तो।

छोटे छोटे प्रश्नों से शुरू करें हम

ड्राईसेल सबकुछ वैसा ही रहता है पर बिजली नहीं देता
परिवर्तन उसके रासायन में होता है जो ऐसे दिखता नहीं
तरंग से हम भेजते विभिन्न तरह के आवाज रंग बिरंगी तस्वीर
साधारण वातावरण में बहते उर्जाकण तरंग बनाते हैं
जिससे हम बनाते हैं तरह तरह के सॉफ्टवेयर
हम सारी यादें पदार्थ के छोटे से कण पर संग्रहित कर देते है
जो देखने सुनने समझने और काम करने लायक होते हैं
रूप रंग स्पर्श गंध आवाज की पहचान में सक्षम
और कुशलता से इन्हें प्रकट करने के उपयुक्त
हम रेलगाड़ी कार से आगे कृत्रिम बुद्धिमत्ता बनाते है
हम प्रयोगशाला में कृत्रिम पेड़ पौधे जीव बनाते हैं
वैज्ञानिक सहयोगी, कुशल कारीगर, होटल का बेयरा
गायक वादक चित्रकार लेखक शिक्षक डाक्टर इंजीनियर
संगीतकार, उद्घ्रोषक सब का काम मशीन करते हैं
हमने जान ली है पदार्थों के निर्माण की प्रक्रिया
उर्जा का पदार्थ में बदलना फिर विभिन्न रूप में होना
संरचना के सिद्धान्त, जीवन के सिद्धांत
हम मंगल शुक्र बहुत सारे ग्रहों पर करा रहे हैं खोज
जरूरत भर आदेश पृथ्वी से देते, उत्तर पृथ्वी पर लेते
हम देख रहे ब्रह्मांड में अनन्त उर्जा प्रवाहित अनन्त कण
लगातार परिवर्तित होते, करते उर्जा को पदार्थ को
साथ साथ पदार्थ को उर्जा में, उर्जा को पदार्थ में
दिक् काल सब बदल रहे लगातार अन्तर में संरचना
नश्वरता अनश्वरता बस बदलाव की परिभाषा
क्या अमरता से मुक्ति का समय नहीं है यह
जिसने बहुत समय धन मेधाजीवन लिया हमसे।

कहाँ हो गयी भूल/49

इस तरह

एक मेढ़क जिसने जमापानी होने की सूचना दी
एक मछली जिसे खाकर मुझे आगे जिन्दा रहना था
एक कछुआ जो अनायास पकड़ में आ गया
वे सब जो मेरे जिन्दा रखने में सहयोगी थे आदरणीय थे
और डरावने जो मृत्यु का कारण हो सकते थे पर दुश्मन नहीं
आग से परिचय के पहले दुश्मन का आभास न था हमें
आग पेड़ों-पौधों को जलाकर जिन्दा रहता था
तेज हवा पानी मिट्टी से मर जाता था
आग ने बदला सब कुछ समूह का जीवन दिया
आदर से पूजा तक लाया, प्रकृति की क्रिया से परिचय कराया
क्रिया के आधार पर देवताओं की रचना संभव किया
अब सुरज, चाँद, आग, हवा, पानी, नदी, पहाड़, पेड़, पशु पक्षी
सबके अलावा कारीगर, वैद्य, रक्षक, खजांची, पशुपालक... देवता हुए
फिर करोड़ों देवताओं से जीवन पोषण मृत्यु का तीन अलग देवता बने
और थोड़ विस्तार कर अवतारों की सृष्टि ....
लोकमानस में रहे नाम को लेकर कथाएं गढ़ी
समूह के जीवन ने गणित की आवश्यकता तक लाया
अपनी जरूरत का महानायक जोड़ घटा कर बनाने की कला
गणित के विस्तार ने शून्य और अनन्त की चेतना दी
दशानन,शतग्धनि, सहस्त्रबाहु, अनन्तसागर समझना
फिर सर्वशक्तिमान की आवश्यकता ने ईश्वर बनाया
इसतरह यह ईश्वर तो गणित से छोटा है क्योंकि
इसमें शून्य और अनन्त की चेतना है...और मानव से तो..
मनुष्य ने ही याददाश्त से इसे अविनाशी बनाया
बुद्धि का विस्तार ने रची महान कल्पनाएं।

आओ खेलें खेल पुराना

अपना अपना घेरा बनाना
घेरा में जाकर सुरक्षित होना
घेरा से निकल कर स्वतंत्रता दिखाना
भागना पीछे की तरफ और आगे बढ़ जाना
सीमा और संतुलन निभाना,
विकास भी साधते रहना
इस खेल में छिपा जीवन, मृत्यु बोध समझाना
चलो इससे है सीखना सिखाना
चलो व्यक्ति व्यक्ति घेरा कर लें
चलो चोर की जगह सत्तायें कर लें
लोग को बचायें करे अपनी ओर
सत्ता जिसको छू जायेगी निश्चित वह होगा चोर।

पंडित परेशान बीच डगर

पंडित जी जा रहे थे घर
सूनसान थी सामने डगर
दिखे चार कुत्ते उधर
झपट रहे एक बकरी पर
मन में आयी दया उभर
लगे बचाने असहाय जानकर
छाता से कुत्ते को डराया
कुत्ते हट गये इधर उधर
फिर बकरी को पास बुलाया
पर तरकीब कुछ काम न आया
बकरी उनसे भागी दूर
कुत्ते उसपर लपके भरपूर
दौड़ पंडित उधर ही आये
कुत्तों को छाता से भगाये
पंडित दौड़े कुत्ते भागे
कुत्ते पीछे बकरी आगे
खेल रह आगे बढ़ गया
पंडित परेशान बीच डगर।

सावन

दरारें भर गयी हैं
धरती नम और मुलायम
जमीन तैयार
प्रतीक्षारत
पास बुलाती हुई
पेड़ पत्तो से भरे
आँखें बादलों से
रह रह कर चमक उठती बिजली
तड़पती छटपटाती
स्वीकार का समय चल रहा है
तुम जल्दी चले आओ
सावन की प्रतीक्षा है यह।

किसान का दुःख

जाड़ गरमी बरसा उलटा, उलटा हुआ संभारे काम
तैयार प्याज में पानी बरसा विधि हुआ हमारे वाम
पानी बिना रोपनी छुटी सब प्रयास हुआ नाकाम
नगदी फसल उधारी दे गया ऐसा हुआ बाजार में दाम
बहुत योजना बनी सरकारी बहुत दुखी अधिकारी दिखे
सारे पैसे बाँट के खा गये आया यहाँ जो हमारे नाम
किससे कैसे बचे अब हम किसकी करें शिकायत सब
आज धरम फिर फेरी दे गया रात अंधेरे हमारे गाम।

देखो दुःख का एक रंग होता है गहरा

टूटी हरी पत्तियाँ धीरे धीरे काली हो गयीं
बाहर बहता लाल खून धीरे धीरे काला हो गये
हड्डी काली चमड़ी ढ़की दु:ख थी डोलती
कराह थरथराती ढ़कती सब कुछ बोलती
जाना दुखों की रात काली होती है
काला पड़ा, फटी आँख से ढ़लकते दो बूँद, चेहरा
देखो दु:ख का एक रंग होता है गहरा।

जन्माष्टमी..

दिल सूख रहे हैं

आज कंस बौखलाया है

पता नहीं आसमान का क्या षडयंत्र है

उसकी मनमानी है कहर

खुशी का पल

ठहर जरा ठहर

पहरूए सोये दोनों ओर

पार कर लेने दे नदी की धार

नयी संभावना के द्वार जहाँ

इस घने अंधकार के पार

बस पहर पहर ठहर।

गणेश चतुर्थी

आज तुम्हारा जन्मदिन है

पश्चिमी तरीके से कटेगें केक

अपने रिवाज से बटेगें लड्डू

उत्सव में शरीक होंगे सबलोग

सबको तुम्हारा अनुग्रह मिलेगा

कल मैंने तुम्हारे माता पिता से

जैसे जमीन्दार से माँगता है नौकर

माँगा था पति की लम्बी उम्र

आज तुमसे माँगती हूँ

जैसे मालिक से माँगता है मजदूर

कि मेरे बच्चों का ख्याल रखना

कि इस खतरनाक समय में

मेरी बेटियों के सर पर हाथ रखना

कि कल ये तुम्हारी सेवा करें

एक सुरक्षित कल देना।

करमा

मैं वह प्रकृति हूँ
पूरे ब्रह्माण्ड का प्रतिनिधि हिस्सा
जिसे माता पिता ने संभव बनाया
और समाजिकता ने तुम्हारे साथ रहना
और कर्तव्यबोध ने बनाया भाई तुम्हें
जीवन की सहलता की खोज में चलते हुए...
मैं जब रहती हूँ माँ के समीप
तुम मेरे सबसे करीब होते हो
मुझ सा ही एक अंश
जिसका दूसरा हिस्सा प्रकाशित है
एक पर अलग तरह विकसित
एक पर अलग थलग स्तित्व
तुम मेरे सबसे करीब होते हो
आज मैं माँ/प्रकृति के पास आयी हूँ
और माँगती हूँ आपनी पूर्णता
भाई ., मैं तुम्हारी सुरक्षा, लम्बी उम्र और विकास माँगती हूँ..
करमडाल.., नदी की गोद, जवाडाली...रक्ताभक्षितिज
मेरा भाई तू ...वह नया सूरज।

विश्वकर्मा

तब कर्म से ज्ञान अलग नहीं हुआ था

करना ही ज्ञान था करने से ही जाना जाता था ज्ञान

ज्ञान कर्म का गुण था

तब तुम ही रचयिता थे विश्व के

देवता और ईश्वर के पहले

पृथ्वी हवा जल अग्नि सब साधन

कुम्हार बढ़ई लुहार ठठेरा निषाद तमोली....कारीगर सब

सब तुम्हारे मानव रूप

बाद में अग्नि वरूण वायु पृथ्वी सब देवता हो गये

अपनी ज्ञात अज्ञात प्रकृतिक शक्ति के साथ

और फिर बहुत सारे हमारे ज्ञान में आये

जो तरह तरह की सत्ता का स्वामी बन

भक्ति से प्रसन्न होने वाले

आशिर्वाद से सबकुछ देनेवाले

और कर्म से बाहर निकलने का एक रास्ता खुल गया

तब तक तुम हमारे पितामह बने रहे.....

फिर बहुत चालाकी से ज्ञान को कर्म से अलग किया गया

नया पितामह बने ब्रह्मा जिसे आपका प्रतिरूप कहा गया

फिर सारे देवताओं के स्रष्टा कहा गया उन्हें

और तुम देवताओं के कारीगर हो गये

फिर ईश्वर आया सबका स्रष्टा सबका नियंत्रक बन

और समाप्त हो गयी हमारी मनुष्य होने की गरिमा भी

फिर ब्रह्मा ईश्वर हो गये

ज्ञान विशिष्ट और कर्म हेय होता गया

और तुमनें पुत्रों समेत अपनी श्रेष्ठता खो दी

ब्रह्मण देवता बन बैठे

कहाँ हो गयी भूल/59

समाज न काम करनेवालो के तर्कों, रचनाओं से भर गया
हमारी मिहनत हमारे निर्माण सब उनकी सेवा के लिए
बहुत चालकी से गुलाम बना लिये गये हम
अब चीजें स्पष्ट हो रहीं है
अब समय बदल रहा है
अब नये तरह से तैयार हो रहें है हम।

हम भी वही बोलते..

मैं एक धरम को जानती हूँ
वह हर बात में हाँ कहता है
जैसे करूणा जिसकी कोई अनुभूति नहीं
पर लोगों को लगता है वे जानते हैं -ईश्वर करूणा निधान
जैसे वसुधैव कुटुम्बकम् को दुहराते नहीं थकते वे
जिन्हें न तो वसुधैव का बोध है न जिनमें कुटुम्ब की भावना
वैसे ही बहुत सारी बातें हैं जिन्हें सुनकर हमें लगता है जाना
सा
जैसे पुर्नजन्म, कर्मफल, मुक्ति.....
और ऐसे ही हर बात में वह हाँ कहता रहता है
मैंने पूछा उससे एकदिन कारण इसका तो बोला
कोई ज्ञान तो जानता।
समझता अनुभव करता होगा
मैंने तो सिर्फ हाँ कहा कोई दावा तो किया नहीं
ईश्वर की स्थापना दर्शन की है खोजता अध्यात्म है
मैं तो ईश्वर के लिए जानने के लिए कहता हूँ सिर्फ
यह अजीब सा अज्ञान है जिसे ढो रहे हैं हम
हम भी वही बोलते जो बोलता धरम।

और ऐसे हम जानते हैं

आओ देखो कैसे लट्टू घूम रहा है
गूंज पर वृताकार, पूरा अण्डाकार और
दायें बायें डोलते, गुंज से दीर्धवृत बनाता
असंख्य तरह की गति जिनमें नौ जानते हैं हम,
धूमती हुई पृथ्वी पर चलती हुई रेलगाड़ी में
खिड़की किनारे की सीट पर बैठकर
बाहर देखना सूरज और भागते हुए दृश्य
ऐसे ही बदल रहा मौसम जाड़ा गरमी बरसात
दरअसल मौसम बदलती हुई दूरी है, बदलता तापमान
हम एक सीट पर स्थिर बैठे पहुँच जाते हैं पटना से दिल्ली
एक दिन में हालाँकि तेज गाड़ी से और कम समय लगता,
जैसे 1947 से पहुँच गये 1997 ईस्वी पटना में ही रहते
और पटना ने बदले कितने सांस्कृतिक, राजनीतिक रूप
सब गतिमान में है एक संबंध यही है गति का स्वरूप
और इसमें ही हम कही कुछ स्थिर मान लेते हैं
इससे ही पूरे ब्रह्मांड को समझते हैं जान लेते हैं।

अनुभूति ढ़ोंग घोषणा झूठी है

सूरज हमारे पिता हैं चाँद मामा

बृहस्पति शूक्र गुरू हैं धरती माँ

कृतिकायें माँसी हैं आकाशगंगा नानी

पहाड़ हमारे बाबा हैं नदियाँ माँ हीं

बिल्लियाँ मौसी है कुत्ते भैरव भाई

बैल, घोड़े हाथी, चूहे,साँप सब परिवार के हैं

बरगद, गूलर, पीपल नीम सब हमारे पूजनीय

हवा, पानी, कुआँ, दिशाएं सब कुटुम्ब न्योतनीय

सारा चराचर सम्बन्धी अपना

सबकी मंगलकामना का सपना

तब हम मानते रहे वसुधैव कुटुम्बकम्

अब ये हैं अल्पकालिक लाभ के लिए

पहाड़ों, नदियों, पेड़ों को नष्ट करने वाले

धरती का सीना चीर विलास वैभव जुटानेवाले

विनाश की श्रेष्ठता पर समय धन मेधा लगानेवाले

विश्वबन्धुत्व का ढ़ोंग रचने वाले विनाशक जन्तु

धृणा और भय ही है इनका मूलधन

अपने सिवा सबको पिछड़ा सबको दास माननेवाले

जाति, धर्म, भाषा...श्रेष्ठता के नाम आपस में मरनेवाले

ये वसुंधरा की कुटुम्बपन क्या अनुभव करेंगें।

याद

यादों ने बुद्धि का निर्माण किया
अनुभवों को जोड़ जोड़ कर ज्ञान बनाया
ये बुद्धि ही है जिसने नया संसार बनाया
ये यादें हैं जो बीते समय में ले जाती हैं
आने वाले समय की कल्पना रचती हैं
और हमें हँसाती रुलाती है
करती है साकार
पर यही है सारे बीते दुखों का आधार
याद ही सहेली और याद ही बैरन है।

लोगों को आदत हो गयी है

शाम ढलते ही खुलने लगती है पोटली
अंधेरे का आतंक, भय की भयानकता
रात में यादें उलटती पलटती है चीजें
कितनी कितनी पुरानी संभव असंभव
नींद बच्चों के साथ रहती है बगल में
भोर पर मेरा कोई वश नहीं चलता है
मेरी दुनिया से अलग मेरा देश समाज है
लोगों को आदत हो गयी है रात में सो जाने की।

तोड़ो तोड़ो

उन बंधन को
बाँध रहे जो
आगे बढ़ने से
रोको रोको
उस प्रवाह को
दूषित करते
जो जीवन को
रखो बस काम की चीजें
जो जीवन को सुन्दर करते
मत बर्बाद करो समय को लड़ते लड़ते
ना कहो और आगे बढ़ चलो अपने रस्ते।

संभावना के साथ

आदमी की आवाजाही कम होते ही
घुमने लगते हैं जानवर बाहर,अगल बगल
खुंखार बढ़ाने लगते हैं क्षेत्र, टहल
 साधारण लोग में भय बढ़ने लगता है
ज्यादा लोग तो नींद में डूबे रहते हैं
कोई चीख भी समाप्ति भर समय लेती है
दिशाएं समाप्त ही नहीं होती अनन्त की तरफ
कीड़े लगातार जमा करते रहते हैं समस्याएं
हालाँकि कुछ लोग जला रहे हैं आग
पर यह लम्बा संघर्ष है लगातार की यात्रा का।

पीछे छूट गये समर्पित तन मन धन
दंगा का कसाई के औलाद का है राज
मंटो की पोतियाँ है आज गफ्फूरन
आज का तो अच्छा धंधा है रहनुमाई
चारों ओर गन्दगी फैली है आज
आपको तो झेलना हैं इसे मजबूरन।

परेशानियाँ आती है तब/
भूख नहीं आती
नींद नहीं आती
कुछ कही भी नहीं जाती/पर
मुश्किल होता है सोचना टिकना
सबका हिस्सा भोग रही हूँ मैं
यह तो साधारणता हैं नहीं
वे तो शान से घूम रहे हैं बा-लाब-लश्कर
शर्म उनके पास नहीं जाती।

हमारे जाहालात और दुःख पैमाने में देख लें

नष्ट किये विद्या केन्द्र, राजनैतिक दल सहयोगी
और सैकड़ो धर्म के केन्द्र, धर्मगुरू खड़ा किये
कौन कहता है कि हमने कुर्बानियां नही दी
हाँ उनके कहे लड़े, जात धर्म के लिए लड़े
लाभ तो लिए विज्ञान की उपलब्धियों से बहुत
और विज्ञान की बात करनेवालो से उलझ पड़े
हमने तो देश की तस्वीर बदल दी
महात्मा से गुण्डा की सफर तय की
बुद्ध को तस्वीर में भाषणों में बदल दिया
शंकराचार्य की महान मुर्ति खड़ी कर दी
रामरहीम आशाराम स्टार प्रचारक बन गये
कानून को अत्याचार का सेवक बना दिया
आज हम गर्व से कह सकते हैं यहाँ से
जो कोई न कर सका मैंने वह कर दिया।

ऐ अजन्में बच्चे

यहाँ चल रहा है लम्बा इन्तजार
तुम जैसे जन्म लोगे दौड़ पड़ेगें लोग
घोषणा होगी कि हमारे परिवार में जन्मा है एक आदमी
वे अपने सारे कर्मकाण्डों से देगें तुम्हें
अपना धर्म, अपनी जाति, अपने रीति रिवाज
तुम्हारी सीमाएँ तय करेगें
उसके बाद आयेगी स्थानीयता राष्ट्रीयता के साथ
और सब अपने अपने हथियार से गढ़ेगे शिक्षित करेगे
और बड़ा करेगें एक गुलाम पूरी शक्ति और सख्ती के साथ
उनकी लूटपाट, विस्तार के आधार और हथियार होगे तुम
स्वतंत्रता के, मनुष्यता के सारे पंख नोच पिंजरे में डाल देगें
हाँ अगर तुम ऐसे बहुत सारे मनुष्यों को बना सकते हो
गुलाम
तो तुम्हें बन्धनों से मिलेगी छूट कुछ स्वतंत्रता हासिल होगी
पर तुम इतने बन्धे और उपलब्धि के आदी होगे कि
न स्वतंत्रता का बोध रहेगा न आगे की कोई राह
ऐ अजन्में बच्चे! यहाँ चल रहा है लम्बा इन्तजार
और मैं लोभ मोह भय में फँसी तुम्हारी माँ
तिनका तिनका जोड़ बुला रही हूँ तुझे।

लगता है संसार में मुट्ठी भर लोग आदमी हैं

बढ़ी आबदी गरीबी, भूखमरी का कारण है
बढ़ी आबादी बेरोजगारी बढ़ाती है
परिवार नियोजन कानून बने, प्रचार हो
आबादी कमेगी तो कम हो जायेगे मजदूर
कम होगें मजदूर तो बढ़ेगा उत्पादन लागत
कम होगी आबादी तो नहीं मिलेगें सैनिक
आबादी बढ़ाने को प्रोत्साहन देना है
लगता है संसार में मुट्ठी भर लोग आदमी हैं
लगता है ये सरकारें मुर्गी फार्म चला रही है।

तुम्हीं हो सफर की मंजिल मेरी

तुम्हीं से सफर शुरू होता है
बहुत अनजानी सी है ज़िन्दगी का सफर
पर निश्चित यहाँ ठिकाना है
यहाँ बहुत रास्ते हैं उलझते हुए
हर रास्ते का अलग पैमाना है
चलो दौड़ो या रूक कर देख लो सब
पर सबका सफर तुम तक आना है।

कैसे मिटे दाढ़ लगा यह खून

पानी पीते शेर को दिखा दाढ़ में खून

सोचा देख समझेगी जनता सब मजमून

सबकी सुरक्षा भ्रम है यह बस नारा है

दरअसल राजा ही अपना असली हत्यारा है

इसके पीछे घूम रहे जो करते जयजयकार

इसके जूठन पर पलते वे कुत्ते गिद्ध सियार

जोर जोर से दहाड़ कर

डरा धमका कर मार पीट कर

दहशत से सबको चुप कराकर

रोज रोज वे परोस रहे थे नये नये वादे

उन्हें पता क्या सर्वे भवन्तु सुखिनः

सर्वे सन्तु निरामयः का जीना

उनका तो जीवन है बस

दूसरे का खून पीना

उनको भ्रम था झूठ फैला कर

नाम बदल कर बदल देगें यादें

इसी के लिए लिखी बहुत किताबें

उल्टे सीधे बनाया कानून

उनकी सबसे बड़ी चिन्ता थी

कैसे मिटे दाढ़ लगा यह खून।

बिखराव

ज्ञान बतलाता है लाभ हानि पर
लत है जो छूटता नहीं
हम खोजते है बहाने हजार
पर क्रम है कि टूटता नहीं
हम साधने की कोशिश करते है दो विपरीत
और एक अजीब सी स्थिति पैदा हो जाती है
फैलने लगती है भीतर चीजें
बिखराव नजर आती है।

जरा सावधानी से

सूचना का आधार और लक्ष्य होता है

इसलिए पूछें कौन, क्यों फैला रहा है यह

ताकि ज्ञान की राह बन्द न हो या

अज्ञान आ जाये विश्वास बन कर

हर सीमा पर बहाल करें जागरूकता

क्योंकि सूचना ही रचता है गड़बड़ संसार

और यहाँ जान लिए गये को सत्य मानने का चलन है

अनुभूतियाँ छद्म अनुकरण भी हो सकती है

या स्वप्न सा प्रत्यक्षीकरण से संचालित

इसलिए हर सीमा पर बहाल करें जागरूकता

इसलिए पूछो कौन क्यों फैला रहा है यह

सावधान! प्रकाश की बहुत छोटी सीमा है।

(शिक्षा = सूचना, सूचना+अनुभूति = ज्ञान,

ज्ञान+उपयोग = विवेक, विवेक+व्यवहार =जागरुकता

संकल्प+भ्रम = छद्म अनुभूति, सूचना+निश्चय = विश्वास)

झपकी जरा कम ले सपने न ज्यादा देखें

गफलत के इस दौर मेंअसबाब अपने देखें
दूर तक जाकर तमाशा देख आयें
फिसलती सरेराह कमजोर आशाएं देखें
आँधी हो या बावण्डर,आकाश पीला दिखता है
बरसने के पहले की काली बदलियाँ न देखें
सूरज पूरब में उगता है मुहावरा है जनाब
परिभाषा कैसे बदलती है यहाँ देखें
सड़क टूटी। है गड्ढे हैं जगह जगह पड़े
सावधान रह हिचकोलों भरी यह यात्रा देखें।

जब गंगा नहीं थी पुनपुन थी

श्रेष्ठ, उद्धारक, आज भी पितरों का उद्धार करती
नदियाँ परियोजना नहीं होती
गंगा तो भागीरथी है
शिव की मंगोलियन पत्नि गंगा के नाम
यहाँ लंका भी है कच्छुआरा लंका
यह बकपुर का दह बकासुर का है क्या
मुझे क्यों लगता है कि मेरा गाँव खैरा,
बाबनसुवा का गढ़-बकासुर का किला था
बाबन पोखरों से धिरा
हम आज भी वाणासुर को वाणावीर कहते हैं
और उनके स्थापित शिव के दर्शन को
चढ़ते हैं बराबर पहाड़, सब बराबर है जहाँ
यह मगध है वैदिकों का शत्रु
जहाँ असुर रहते हैं उनकी परिभाषा में
जरासंध आदि शैवसम्राट जिसे नीच दिखाकर ही
पूज्य होगें वैष्णव देवता
विष्णु अवतार कृष्ण जिन सबों का संहार करते हैं
महाभारत शैवों का आपसी कलह की कथा है
जिसका नायक कृष्ण है विनाशक...प्रपंची ೦ಂ
मेरा गाँव जो खण्डहर पर बसा हैं
नीचे ऐतिहासिक अवशेष पड़े है
समय समय पर बाहर आते
क्या सचमुच महाभारत कालीनता समेटे है
मुझे क्यों लगता है कि मेरा गाँव।

दौड़ो छप छप कूदो छपाक

भींगने का मजा तपाक
बादल बरसे झर झर झर
मेंढ़क करते टर्र टर्र टर्र
बादल लड़ते, गरजते रहे
बिजली दौड़ उतरती रहे
चलो हम इन्द्रधनुष को पकड़े
वहां धरती पर है उतरे
आसमान पर अपना राज
हम अपने मनमौजी आज
देखकर सब रहें अवाक
देखो वह भी कूदा छपाक।

जितना हम पाते गये तिश्रगी बढ़ती गयी
जितना हम बढ़ते गये बेबसी बढ़ती गयी
ये कैसे बदल रहा था पल पल
धुंध सब छटता गया रोशनी बढ़ती गयी।

आह श्रम का यह कठिन संघर्ष
हाय समाज का यह दोगला चरित्र
आज भी हम हैं जंगल में उसी पल में
और हम ढ़ो रहे हैं बोझ यह विचित्र।

हर जमाने की कुछ सकून है
हर जमाने की कुछ कठिनाइयां है
अतीत से निकल कर आगे आना
इसमें शामिल कुछ परछाइयां है।

बहुत लोग कुर्बान हुए है

इस राह पर चल कर अबतक
एक लड़ाई जीतनी है
एक चढ़ाई चढ़नी है।
झंझावात आते ही रहेगें
साँसों पर आफत भी रहेगें
फिसलन भी तो पड़े रहेगें
इनसे से ही पार निकलनी है
डरावना सूरज भी होगा
जलानेवाले बर्फ भी होगें
जमानेवाली ठंड भी होगी
साहस और दृढ़ता से इसके पार उतरनी है
एक चढ़ाई चढ़नी है
एक लड़ाई जीतनी है।

हर सफलता को स्थिति थोड़ी और दो

हर असफलता को समय थोड़ा और दो

प्रयास में न हार है प्रयास में न जीत है

प्रयास के लिए न कोई हार जीत नीत है

प्रयास से बन्धा प्रकृति का हर राज है

प्रयास में ही जीवन है प्रयास ही समाज है

संभव असंभव के तर्क को भविष्य पर छोड़ दो

अपनी हर इच्छा को प्रयास से जोड़ दो

एक आदर्श सामने रखो सुख दु:ख साथी है

अभी तो शुरूआत है बहुत अभी बाकी है।

आ रहें है लोग सड़को पर जो तुम्हें दिखता नहीं

या तो है भूत या भविष्य वर्तमान कोई लिखता नहीं
जो इतिहास में लिख रहे अपनी सोची इबारतें
मिट गया इतिहास कितना इससे कोई सीखता नहीं
करना है तो कर, किया ही रह सकता है यहाँ
कोरे सपने के महल में कौन टिकता है यहाँ
झूठ और मक्कारियाँ बहुत जवाँ हुई और मर गयी
यह सफर है अनूठा स्वप्न भी धरती पर चलता जहाँ।

पूरे होने न दो अरमान

है सरकार का जो फरमान
पैदा किये जिसने लाल
उन सबको जेल में डाल
खान जंगल सरकारी हो
खाली कराओ गुलामी दो
जो स्वतंत्रता के हामी हों
उन सबको मौत दो
आओ हम सब मिलकर लड़े
बर्बादी को नकेल दो
दुर्दिन को ढ़केल दो
दिखाओ एकता का कमाल
नयी सुबह की नयी हो चाल।

तुमने नहीं जाना

तुमने नहीं जाना कि हममें
शक्ति कितनी अपार है
सागर कुआँ नदी बाबड़ी
बून्दों का विस्तार है
अपनी तो यह सारी धरती
अपना तो आकाश है
सूरज और चाँद ही तो
अपना यहाँ प्रकाश है
जंगल पहाड़ पुरखे अपने हैं
जीव जन्तु सब मेरे अपने हैं
हममें सबका अंश मिला है
हम सब के अवतार हैं
इस जमीन में फसलों के
हम तो सतत प्रवाह हैं
देख लो मिट्टी में दफन यहाँ
कितने राजा तानाशाह हैं
चलो समर में हो फैसला
हम सब तो तैयार हैं
मारेगें तो लक्ष्य भेद है
मरेगें तो उद्धार है।

हम किसीके क्यों गुलाम हों

हमारी क्या लाचारी है
पुरखे अपने लड़े मरे
अबकी अपनी बारी
मौत से हम क्या डरेगें
आजादी के परवाने हम
गुलामी के पंजा तोड़ेगे
आजादी के परवाने हम
जिन्हें भरोसा बन्दूकों की
उनको हमारी पहचान नहीं
मिट जायेगें नही झुकेगें
शान में पंख जोड़ेगे हम।

गंगा वही है

जिसने विष्णु की पैरो में रहना अस्वीकार किया
जिसने ब्रह्म कमण्डल में रहना अस्वीकार किया
जिसको रोकने के प्रयास में शुक्राचार्य ने गंवायी एक आँख
उसने तो पत्नीत्व को तोड़ा और पवित्रता के मानदण्ड बदले
नैहर ही नैहर जिसका कोई ससुराल नहीं
वह तो शिवप्रिया बन मस्तक पर धारण की गयी
जिसने उसे पृथ्वीवासियों के कल्याण के योग्य समझा
बहती रही स्वतंत्र अविरल हृदयतल
उसने तो जह्नवी बनाना स्वीकार किया
पर राजसत्ता के दमन को असफल किया
सात वसुओं की समाप्ति यानी अपने सात पुत्रों की हत्या तक की
राजसत्ता से बद्ध उसका इच्छामृत्यु सम्पन्न महारथी पुत्र
परम्परा के विनाश में सहयोगी बना
वह हिमालय से बंगाल की खाड़ी तक बहुत सारी
नदियों को जोड़ती रही अपने साथ
और सीचती रही बहुत बड़ी सभ्यताओं को
सगर के साठ हजार पुत्रों की मुक्तिदायनी
देती रही जीवन हरती रही उत्ताप
और वह आज भी गंदगियाँ ढ़ो रही है
पापियों का पाप धो रही है
चाहे वह आर्थिक सड़ांध हो या धार्मिक कुकर्म
राजसी तिकड़म हो या अज्ञान का कर्मकाण्ड
वैज्ञानिक अपशिष्ट हो या प्राकृतिक क्षोभ.. सब पाप
यह निर्भय स्वतंत्र नारी की गरिमापूर्ण अभिव्यक्ति है
सागर की पुत्री और हिमालय की पुत्री साथ साथ/यह वही गंगा है।

मेरी यात्रा

मैं कोख के अंधेरे से निकली और
सभ्यता के गुफा में कैद हो गयी
और चलती रही गुफा से गुफा
निशान पर रखते पाँव जैसे थे रस्ते
देखती नीचे टकराती अनगढ़ शिलाओं से
शरीर की लाचारी, मन की हताशा के साथ
सुरक्षा और कैद की सीमाओं के बीच
सूरज के सामने अंधकार से धिरी/नग्न-सी
महान और अंधों के बीच/संकल्पों से उलझी
मेरा अस्तित्व ही मेरे विरूद्ध रहा है
अपना पराया सब समय का रूप रहा है
सोच की दरारों के बीच की है जो रोशनी
वही संबल है ज़िन्दगी की अपनी
और शेष अंधेरे से अंधेरे की यात्रा
संकट, हिंसा, शोषण ....ही यहाँ तक रही है।

अपने को समझा पहचाना

मैं कश्मीर गयी तो हिरण के बारे में जाना
जिनसे मिलता है शाहतुस,
सेव, चिनार, नाग देखे, कश्यप को समझा
मैं सिक्किम गयी तो याक देखा
उनके दूध की टॉफी खायी, बाल के शाल ओढ़े
ऊँचाई की हवा को महसूस किया
लोगो से मिली, खाया पीया
में अन्दमान गयी
वहाँ तरह तरह के समुद्रीजहाज देखे
अन्दमानी, जारवा आदिवासी देखे
वहाँ मद्रास, पूर्वीबंगाल, मद्रास के बसाये गये
झारखण्ड, बिहार, उत्तरप्रदेश के लोगों से मिले
सब जगह सब जीव जन्तु, पेड़ पौधे नहीं रहते
खान पान, पहनावा, भाषा सब अलग अलग
सबको देखा समझा जाना
अपने को समझा पहचाना।

सच

सच हमारे साथ था तब शंका छोटी थी

अब जब शंका बड़ी हुई सच दूर दूर है

लोग इतने बदल गये कि आदमी से नहीं लगते

चीजों में भी उतर गया है बनावटीपन

संक्रामक हो गया है समय

संबंध तो कुछ मर गये कुछ बीमार हैं

भय तगड़ा मुँहजोर जवान गुण्डा हो गया है

जगह जगह गरीबी की झोपड़ी है

जिसे निकम्मा अज्ञान अगोरता है

हम इतने लाचार हैं कि अकेलापन चाहते हैं

सिर्फ खुश रहने का नकल करते हैं

और चाहते हैं साल बदले चीजें नहीं

क्योंकि कोशिश की लूट है आज

और जो सामने हैं वह छद्म हैं

और शंका जवान हो रही है।

तुम्हें याद करते हुए

पुकार
गुंजता नाम
पीछे से आता हल्के पाँव
यहाँ तक.... मस्तिष्क
हृदय तक
कसक छूट जाने की...तुम
घने अंधेरे में देखता चारों ओर।
भीतर आँख
सब कुछ घट गया अबतक
यहाँ जब संघर्ष है झनझन
टूटता पहाड़
पत्थर रस्ते पर बन्द होती राह
कटे पेड़ फलदार भरे अभी हरे हरे
मोमबत्ती मशाल बनती
प्रतीक्षा चीख ढ़हती
फिर कसती मुट्ठियों में विस्तार देह
पहचान का संकट व्यवस्था में... अव्यवस्था
समय सागर लौटा रहा ढ़ेर कूड़े का जिद्दी
टुक टुक देखता इतिहास ढ़लता शाम सा
फिर फिर प्रतीक्षा शायद तुम्हारा
मन में कि बोलोगे।

अभी शेष है

खाली नहीं है शंकाएं
अंधेरे उजालें की गझिन बुनाबट
कुहरा सा दिखता
थरथराता देह मानवता का
चमचमाती नग्नता
हत्याएं धर्म की
पश्चिम में धुएँ से घुटता दम
जल रहा है फैलता अदम्य
वह रहा है गंध हवा के संग
अभी शेष है स्मृतियों में दु:ख पर
पत्थर सी डराती
जीवन की खोज अगणित दिशा में
विलुप्त हो रही प्रजातियों के बीच
 वह रही है यह नदी अभी शेष है।

लौट रहे हैं हम

वैसे नहीं जैसे चिड़ियाँ लौटती है
स्नेह सुरक्षा नहीं कहीं बस झूठ है
नकार है जिद् है संस्कृतिक नहीं तब भी
छल रहा है मुट्ठी भर अज्ञान
बाँध से दिखता अवसान
गतिमान को बस मोड़ना भूत की ओर
जंगल फिर बनाना जानवर बनना
अजीब वातावरण चहुं ओर
हम लौट रहे है इधर।

हम यहाँ खड़े हैं

नदी बह रही है रुकी हुई सी
ऊपर बह रहा कूड़ा और लाश
तिरते घास
हवा गंध ढ़ो रही लाचार
आकाश में संघर्ष
सम्भावना तालाश
सागर में गिरता अवशेष
घरती का हृदय काँपता
ज्वालामुखियों से सहा नहीं जा रहा
घर की तालश में भटकाव
समय चिल्ला रहा बेपरवाह
सूरज तमतमा रहा
हम यहाँ खड़े हैं शायद देखते।

कितना और गिरोगे

परत परत टूटता चट्टान
लोगों की छाती में धसान
नदियों ने बदल ली राह
जंगल को चाट गया लोभ
फट पड़ा बादल। आह
कितना नीचे गिरोगे और
चींटियाँ बदल रही स्थान
सुरक्षा जान संभावना पर,
सूरज बनाने में लगे हैं लोग
जिज्ञासा के कंधे बैठा ज्ञान
ढूढ़ रहा ढूढ़ रहा
पता नहीं। क्या समाधान
काल ढूढ़ रहा शमसान
कहाँ तक आ गया इन्सान
अहं की सीमा असीम।
छद्म से क्या ढ़क जायेगा सत्य
कितना और गिरोगे।

कहाँ हो गयी भूल/94

यह हाल

झूठ के खेत बोया गया चने का दाल
कटते रहेगें अब फसल साल दर साल
सूरज धधक रहा काँप रही धरती
विलुप्त होते जीवों की चीखें भरी परती
प्रर्दशन में किसान है हड़ताल मे मजदूर
संकट में व्यापार उद्योग पूछे कौन हाल
भय से कायम है, भय का साम्राज्य
दोहन को सत्ता है, घृणा भरा समाज
लाचारी गुस्सा से लहलहाती हिंसा है
दोपहर के अंधेरे से सब हैं बेहाल।

हम बेकार पड़ी लकडियों को जलायेगें

अग्निढ़ेर में भुनेगें हरा गेंहूँ चना
होरहा नहीं होलिका बनायेगें
बाँट कर बचका फुलौरी खायेगे
फूलों से पत्तियों से बनायेगें रंग
सुख दु:ख बाँटेगें रंग अवीर लगायेगें
पशुओं और पक्षियों को भी रखेगें शामिल
चलो हम नये साल में पुरानी होली मनायेगें
अभी तो छद्म है मिलावट है आडम्बर है
अश्लील होते समय में अश्लीलता को जानेगें।
हम अपने जीवन को सार्थक बनायेगें
चलो हम नये साल में पुरानी होली मनायेगें।

जब बादल घिर रहे थे हम चुप देखते रहे

अब बारिश शुरू हुई है तो बेचैन हैं गंध से
हम जो संजोते रहे कूड़े जरूरी समझ कर
उनसे हमने पाली थी क्यों उम्मीद अलग से
पूँजी कुछ खर्च हुए कुछ बर्बाद हो गये
हाथ खाली रहे सिर्फ सपना देखते हैं जबसे
पहले भी थी समस्या और हल था खोजना
हर बार नया आता है दु:ख जरा हट के सबसे
काम के लिए समय से, संकल्प है जरूरी
यह आप तय करें शुरू करना है कब से।

चिंता

हवा दौड़ती चीख रही है
हिल रहे हैं पेड़
पता नहीं कहाँ कैसे होगा चाँद
पिछले दाग भरे भी न थे
नयी आग के झोंके बरसे
क्या झुलसे होंगे पाँव
पता कहाँ भटक रहा है
थका भूखा, बेरोजगारी में
बैठा है गली सड़क किस ठाँव....

माँ की आकांक्षा

तुम भूख, पेशाब, पैखाना लगने पर रोते थे
हालांकि ये प्रकृति प्रक्रिया थे
मैंने तुम्हें सहज होना सिखाया
सिखाया जगह और स्थिति
मैंने नाद और शब्दों को सिखाया
बोलना सिखाया चलना सिखाया
सिखाया पहचानना, संबंध सिखाया
जो सामाजिक व्यवस्था की उपज थे
मैंने तुम्हें विचार और विश्वास सिखाया
सोचने समझने की कला सिखायी
क्रिया प्रतिक्रिया, अनुभूति
तुम्हें आदमी बनाया
अब तुम एक दुनिया में हो पूरी प्रकृति के साथ
अब तुम्हें सामंजरच के साथ बेहतर स्थिति बनानी है
अस्तित्व बचाना है सहज सुन्दर दुनिया बनानी है
समानता, स्वतंत्रता भरी
और आशा है तुम इसे करोगे
अपनी माँ को थोड़ा सुख सुकून दोगे।

आओ पहचानों इस खेल को

कितने मासूम चेहरा बनाते हैं
जिद्द, अकड़ में युद्ध करते हैं वे
और हाय हाय कर दिखाते हैं
कि लोग इसमें मरते हैं
इतिहास साक्षी है हजारों युद्धों का
किसीने मौत, बीमारी, बर्बादी के सिवा
कुछ दिया हो याद नहीं
तर्क से लाख वे दर्द को छिपाते हैं
और जारी रखते हैं हथियार की खोज बिक्री।
अफसोस क्रूर, धूर्त, झूठे को ही हम नेता बनाते हैं
आयुद्ध धर्म, भाषा, नागरिकता नहीं जानता
पक्ष विपक्ष कुछ भी नहीं
वह मरेगा विध्वंस करता सब आसपास
वह जन्म से ही संहार की भाषा बोलता है
हमारे भीतर के दर्वेश, नीचता को खोलता है
आओ पहचानों इस खेल को
क्रूरताअहंकार कैसे मानवता की बात बोलता है।

निर्माण पुराने को तोड़ कर ही होता हैं

उपलब्ध चीजों को अनुकूलित कर
क्योंकि कोई जगह खाली नहीं होती
और युद्ध यही अनुकूलन है
जिसे वे भगवान को आगे कर लोग को निष्क्रिय करते हैं
जो युद्ध और भगवान में भगवान चुनते हैं
वे भगवान को युद्ध करते और जीतते दिखाते हैं
और पीढ़ियों तक भयानक दयनीय जीवन जीते हैं।

महादानव जिसने लील ली लाखों जीवन/एक एक कर हम
समर्पित करते रहे राष्ट्र/जनतात्रिक होने के लोभ नहीं/
क्योंकि छल या बन्दूक के बल पर जनतंत्र नहीं चलता/यह
संगठित शक्ति का डर था सामने/जंगल थी दुनिया और शेर
थे वे/भेड़ियों के साथ घेरते शिकार/और आज एक भेड़िया
पड़ गया भैसें के क्रोध में/ये रिरियाहट डरे हुए जानवरों के
है/जिन्हें शान्ति चाहिए/मारे जाते सहचर के एवज में/आज
फिर तय होना है वहशीपन वो आर्थिक हित में हो या राष्ट्रवाद
के नाम/यह मानवता रहेगी या नहीं/किसी प्रकार की गुलामी
से मुक्ति के लिए है एक अनिवार्य युद्ध/जाति, धर्म, भाषा,
राष्ट्र के नाम हिंसक पागलपन को समाप्त करने के लिए/हमें
चुनना है कि कैसे मरे/शोषित होकर उन्हें मजबूत करते
हुए/या लड़ते हुए उन्हें मजबूर करते/भले हम कायर है लड़
नहीं सकते/पर इसके विरूद्ध नहीं हो सकते/और उन्हें
मानवीय मूल्यों पर आँसू बहाते नहीं/बल्कि स्थापित करने
को बाध्य करते हुए/हम मरेगें कि आगे कोई मारा न जाय।

मैं ढूढ़ रही हूँ

जितनी गुलामी है धरम ने पैदा की है मुक्ति के नाम
जितनी. अव्यवस्थाएं है राज्य ने फैलाए हैं व्यवस्था के नाम
जैसे राजा बदलना है वैसे है व्यवस्था बदलना
व्यवस्थाएं बाँधती है स्वतंत्रता के विरूद्ध
तुम्हें गुलामी के विरूद्ध लड़ाया जाता है या स्वतंत्रता के लिए
इसमें स्वतंत्रता के लिए जगह कहाँ है जो तुम्हें बताया नहीं
जाता।
जैसे कि विजेता न स्वतंत्र होता है न विजीत
एक शक्ति के अहं की तुष्टि ढ़ोता है और दूसरा हीनता का
प्रतिशोध
और शान्ति का अग्रदूत गर्व से अपनी शक्ति का प्रचार
करता है।
अभी कितना विकास बाकी है यह अस्त्र शस्त्र तय करते हैं
और यात्रा तय करते हैं श्रेष्ठता के स्वप्न
ओह सचमुच मानव होने की यात्रा स्वतंत्रता के साथ चलती
है।
अभी हम किस पड़ाव पर हैं ? यहाँ हर कोई अपने को छुपा
दूसरों को खोज रहा है दुर्गुणों के स्वर्ग में ।
बर्बरता की चमक में दिखती करूणा की काली पीठ
मैं देशद्रोही धर्मविरोधी इतिहासविरोधी शब्दसमय में खड़ी हूँ
अविश्वास, शंका और भय के मेले में
जहाँ मेरा शान्ति संकल्प खो गया है
जो मेरी आशा का केन्द्र था
स्वतंत्रता के लिए।

ज़िन्दगी की शर्तें तो है मुकम्मल सही

अब वे चाहते हैं कि उनकी शर्तें भी माने हम
जो थोड़ी हवा थोड़ी धूप है हमारे हिस्से
जमीं के साथ वो उनके कर दें हवाले हम
वे चाहते है प्यार करें, सबकुछ वे ही हमें दें
और उनकी इच्छा पर ज़िन्दगी गुजारे हम
हर बात में प्रतिष्ठा, संस्कार की दुहाई देकर
वे चाहते हैं कि अत्याचार पर न विचारें हम
पागलपन की हद तक है सनक उनकी
चारों तरफ जोर उनका की लाँघे न दीवारें हम।

रस्ता चलो मगन नहीं साधो

रस्ता पे माया नगरी है
जो दिखे सो सच नहीं
झूठ ही बना संत यहाँ पे
जो बोलत सो कर्म नहीं
जो रस्ता बतलाये सब को
सबसे बड़ा है भ्रम वही
पाँव बढ़ाना समझ बुझके
गुंजाइश की जगह न हो
रस्ता चलो मगन नहीं साधो।

सामने फिर आ गई उदास नदी

उभर आयी सामने पिछली सदी
झूठ प्रपंच और भष्टाचार से भरती रही
दोनों किनारे तक उफनती नेकी बदी
लोग डूबते उतराते रहे थे पीढ़ियों तक
पार करती रही थी नाव सामानों लदी
समय को तो आखिर बीत जाना ही था
लोग इसको हीं, समझने लगे थे जिन्दगी।

पता नहीं क्यों

संसद में मंहगाई, बेरोजगारी पर बहस चलती रही
वे बैठे उबाँसियाँ लेते रहे
हम कितने निरीह अज्ञानी थे
सब सुधर जायेगा आस लगाये रहे
वे तफरीह में पुस्तक की बात करते
वे रोब में कुछ काव्य पंक्तियां सुनाते
और गाली गलौज पर उतर आते रहे
पर हम अपनी आशाओं को जगाये रहे
जानते हैं वे अपराधी, बलात्कारी, हत्यारे हैं
फिर भी उनकी हिम्मत को हम बढ़ाये रहे।
लोभ था, भय था, आलस्य था या अकेलापन
पता नहीं क्यों हम अपने को भुलाये रखे।

तमाम सन्नाटा है होश खो चुके हैं लोग
असहजता फैली है बेकरार साकी है
अचानक कुछ घटता है उठता शोर
गहराती रात का शेष अभी बाकी है।

उत्तर में बाढ़ है दक्षिण में सुखाड़ है
दोनों तरफ पड़ रही प्रकृति की मार है
टकरा रही प्रवृत्तियां स्तित्त्व के के लिए
धरम और सत्ता के संघर्ष में बिहार है।

घर में बच्चे भूखे हैं

और मालिक नशे में चूर
यह कैसी सोच हैं
आप बतायें हुजूर
यह कैसी सरकार है
कितनी है मजबूर
लड़ती है भष्ट्राचार से
आत्महत्या करते किसान मजूर
कारखाने बेचकर बनता है मन्दिर
धर्म ध्वजा के जोर से जायेगें बहुत दूर
हम तो अपना खो चूके चरित्र और व्यवहार
आपने जैसा चाहा हमने किया सरकार
आप सुरक्षित स्वछन्द रहे
हमारा हो सब कसूर
यह कैसी सोच है
आप बतायें हुजूर।

कारखाने बिक रहे हैं, सेवाओं का नीजिकरण हो रहा है

कृषि, स्वास्थ्य, शिक्षा सब संकट में हैं
पर ये स्वतंत्र सुखी।
समाज का स्वप्न पालते जा रहे हैं
नये नये तरकीबों से ढूढ़ रहे नौकरी बस
हर रिक्तियों पर डंडे खा रहे हैं
ये व्यवस्था के बदले बेरोजगारी से लड़ते जा रहे हैं
लाचार, गुस्सा और हताशा के शिकार
ये संगठनों के, सरकार के जमूरे हो रहे हैं
बस अपने को देख रहे हैं सोच रहे हैं
ये जवान तन मन से बूढ़े रहे हैं।

उन्होंने हमारे साथ क्या किया

मैंने पति के सुखी लम्बा जीवन के लिए
तीज पर महादेव की पूजा की
करवा चौठ पर चन्द्रमा से लम्बी उम्र माँगा
मैंने बच्चो के लिए जीतिया किया
छठ कर सूर्य को अर्घ्य दिया
मैंने पूरे परिवार के लिए पूजा किया व्रत रखा
भूखे रही, कष्ट सहा
सब किया आस्था के साथ
घर, खेत, दफ्तर, किसी कार्यस्थल पर
भविष्य की आशा के साथ परिश्रम किया
जो उन्होंने कहा सब किया
कभी संस्कृति पर धर्म पर प्रश्न नहीं किया
कभी ठगा जाता महसूस नहीं किया
पर उन्होंने क्या किया
भ्रूणहत्या, प्रतिष्ठाहत्या, दहेजहत्या
बलात्कार, अवैधसंबंधहत्या, असहमतिहत्या
हत्या, हत्या, हत्या
मारपीट, मुकदमे, तालाक
आज जब मैंने अपनी कही
उन्होंने हमारे साथ क्या किया।

पूर्वनिर्धारण नहीं है यहाँ

उन्होंने कहा इतिहास का अन्त हो गया
और जल्दी जल्दी लिखे को मिटाने लगे,
पर ये जिद्दी न-नहीं, मिटते ही नहीं
जेल में रखो या हत्या कर दो।
और जब तक लोगों की याद बदले
टीके रहना शायद आसान नहीं।
संकट में अवधारणा और अस्तित्व दोनों
युद्ध हल नहीं बचा है अब।
थोड़ा रोकने में ही उल्टने लगता है सबकुछ
विकास की गति तेज इतनी।
वे अपने सच को समय के साथ
नहीं सकते बाँध।
इतना तो चिल्लाते रहे अस्तित्व संकट में है
पर इतिहासज्ञान से उलझा नहीं इतिहास बोध।
उन्होंने दुहराया हम महान संकट में हैं
दूसरों को चेताया
और परमाणु-युद्ध-अभ्यास में लग गये
कि यह तो पूर्व निर्धारित है
अब तो स्पष्ट हो रहा है कि
राज्य जन आँकाक्षा नहीं शक्ति से कब्जा है
और नायक संकट हैं मानवता के लिए
महत्वाकांक्षा या मूर्खता से।
जबकि विनाश या विकास इतिहास को ही याद रखना है
जहाँ अनन्त संभावनाएं रहती हैं
और पूर्वनिर्धारण नहीं है यहाँ।

कोई डर बचा है जिससे वे डरें

अब बचा है रास्ता सिर्फ एक यही
भाग के मरें या लड़ के हम मरें
सब पर कब्जा कर लिए
हम कुछ न कर सके
सारी जमीन, आस्माँ और इससे परे
सभ्यता संस्कृति सब उनके ईशारे चले
अस्त्र शस्त्र विज्ञान सब उनके हो रहे
धन के इस खेल में निर्धन हम रहें।

जो तुम्हारा दु:ख है वही मेरा भी
हम तुम यहाँ जुदा नहीं
अपने करम से पार पा सकते हैं इससे
आयेगा बचाने वैसे कोई खुदा नहीं।

ज़िन्दगी एक शय की तरह साथ रही

इश्क ने परेशान किया बस इक बहाना है
हम तो डर के मुँह छिपाये रहे
हिम्मत की बात न कभी सामने आयी
हम अकेले ही रहे साथ भी जब हुए
तुमसे मिलना या जुदा होना भी जब हुए
बस एक रस्म था जो निभाना ही था
जिन्दगी अजीब सा अफसाना है
बहुत अजीब था वर्फ भी और ठडक भी
मैं गरम देश की लता थी सो कली न खिली
तुम्हारे आगोश में एक नयी दुनिया भी मिली
पर बना रहा खव्बगाह तेरा आशियाना है।

हमारे पास दादा का घर था

ससुर ने भी बनाया अपना घर

पति नौकरी करते थे तो वहाँ बनाया घर

बेटियाँ पढ़ने गयी तो वहाँ अपार्टमेंट खरीदा गया

घर की कभी दिक्कत नहीं रही

पुरखों की थोड़ी जमीन भी थी

एक सुखद सामाजिक जीवन भी

पर लोगों का एक ताना था-

इस धन का क्या होगा

हमारी तो सिर्फ तीन बेटियाँ ही है

एक दर्द था इससे कि मैं बेटा पैदा न कर सकी

मैं कसूरवार थी बिना कसूर किये

मैं वहाँ भी हो सकती थी जहाँ एक बच्चा का कानून था

मैं बहुत चिकित्सा के बाद भी बच्चा पैदा न कर पाती

खाली रह गयी जगह थोड़ी जीवन की

जहाँ अपना कूड़ा फेक देते हैं लोग

काश मकान बना पाती यहाँ

मकान तो बहुत है पर सिर्फ तीन बेटियाँ ही है मेरी।

दुःख है बड़ा सयाना

बाहर भीतर एक बनाके रहता
बना रहे अनजाना
भेष बदल कर प्रकट होता
सबसे मरम छिपाना
अपनी करनि से सब भोगे
आगत गति न जाना।

नजर सिर्फ देह पर टिकी है

समर्पण और संयम समाप्त है
अब बस पाने, पाने का होड़ है
प्रेम में यह हत्याओं का दौर है
कितने तर्क के लिए मार दिये गये
धरम की क्रूरता कब खत्म होगी।

अनुशासन का अर्थ है
बिना सोचे समझे आदेश का पालन करो
और चुपचाप जली रोटी पतली दाल खाओ
कुछ देखना सुनना नहीं है यहाँ
बस नौकरी करो और घर जाओ।

लक्ष्य नहीं है सफलता
सफलता तो प्रयास और दिशा है।

कुछ नाम रख लीजिए जैसे सुषमा बड़ाइक

आपने सुना होगा नाम

उनलोगों में से एक नहीं जो थाने में लुप्त हो गयी।

बल्कि वह एक लड़की जो अपने भाई को खोजने

गयी थी थाने जहाँ अधिकारी ने बलात्कार किया

भाई को थाने थाने बुलाया गया था और वह लौटा नहीं था

जिसकी शिकायत ले गयी पुलिस अधीक्षक के यहाँ

जिसने बलात्कार किया उससे

जिसके खिलाफ डायरेक्टर जेनरल के यहाँ गयी

नौकरानी बनी और बलात्कार का शिकार हुई

पर बात फैली गयी और राजनीतिक दल कूदे

न्याय के लिए जाँच समिति बनी

सालों बाद आयी रपट

उसका भाई नक्सलवादी था।

और इन्काउन्टर में मारे गये तीन में से एक था

उसका भी नक्सलवादियों से सम्बंध था

और वह पुलिस को बदनाम करने के लिए

यह सब कर रही थी।

और उसपर हुआ अत्याचार, बलात्कार झूठ है

और गुण्डों ने गोली मार दी एक दिन उसे

और मुकदमा पैरवीऔर गवाह के अभाव में बन्द

अब आप बतायें क्या झूठ है और कौन क्यों मारा गया

कि कुछ लोगों को हत्या करने का अधिकार क्यों मिला है

इस व्यवस्था के लिए कौन जिम्मेदार है

आज भी कानून है और लोकापवाद भी

और धरती पुत्रियों को देना होता परीक्षाएं

और राजा का तंत्र ढूढ़ते है तरह तरह के बहाने।

जेल खेल है उनका

लुहार सत्तर साल से जेल में है
कोई नहीं बता पाता क्यों
दत्ता पचास साल से जेल में है
स्वतंत्रता आन्दोलन में पकड़ा गया था
मुर्मु तीस साल से जेल में है
वन विभाग ने पकड़ा था
मैं ऐसे हजारों उदाहरण बता सकती हूँ
क्या जेलें गरीब लाचार लोगों के लिए है
1985 में सांसद ने कहा था पच्चीस हजार से ज्यादा
किराये पर जेल काट रहे लोग जेल में हैं
एक विदेशी नागरिक ने जुर्म कबूल कर लिया
कि बीस साल मुकदमें लड़ने से
तीन महीने की कैद भली
सरकार विरोधियों की संख्या भी कम नहीं है
कानूनन जिन्हें जेल में होना था हैं पर
वास्तविक में जिन्हें जेल में होना चाहिए सत्ता में हैं
लोगों में डर और कानून को खेल बनाते हुए
और समाज में जेल महत्वपूर्ण है प्रचार करते
जबकि प्रजातंत्र को बिना कानून और जेल के होना है
स्वतंत्र प्राकृतिक सामाजिक विकास का सहयोगी।

उसने मोर पाले

मोरपंख मकुट में लगाने के लिए
उसने गायों के साथ फोटो खिचवाई
गौरक्षा को व्यवसाय तक ले गया
झूठ बोला नाटक किया छल किया
उसने आततायी कह हत्याऐं करवाई
तरह तरह के तर्क खोजे हत्याओं के लिए
और हत्यारों को सामाजिक मान्यता दी
उसने देवताओं से अपनी पूजा करवाई
अपने को देवताओं से ऊपर घोषित किया
शिव की अराधना की शिव नगरी सजाया
रास विलास रचाया कि वह कृष्ण है
एक नटी को प्रियसी भी बनाया
सब के बाद भी कभी जनहित का साबित न हुआ
वास्तव में कृष्ण नहीं था वह
पौंड्रक भी तो होते रहते हैं हमारे बीच।

न्याय तो कहीं था जिसपर
प्रश्न नहीं करना था

हत्या का इन्साफ करने बैठेंगे हत्यारे
हत्यारे जाँच करेंगे कि विक्टिम कि मानसिक स्थिति ठीक
नहीं थी,
कि वह चरित्रहीन थी,
हत्यारे मेडिकल सर्टिफिकेट से इसकी पुष्टि करेंगें
निर्लज्ज चरित्रहीन.
एक झूठी बहस खड़ा करेगा।
जिसकी हत्या से कोई तार्किक संबंध न होगा
भौचक कानून देखता रहेगा तमाशा
और आयेगा निष्कर्ष न्यायनिर्णय
कोई नहीं पूछेगा कि कोई मरा तो था
सब संतुष्ट कि वे कर भी क्या सकते थे।

उम्र की सीढ़ियों से चढ़ो आकाश

ज्ञान की अंगुलियों से टटोलो प्रकाश
अंतरिक्ष की खोलो खिड़की दरवाजे खोलो
एक सूरज छिपा है तुम्हारे अन्दर देखो
एक नयी दुनियां कर रही है इन्तजार
अनन्त संभवना भरा है विकास
आओ बच्चों आओ इस परछाई में
माँ तुम्हारे लिए है यहाँ बेकरार।

कितने मासूम चेहरा बनाते हैं

जिद्द,अकड़ में युद्ध करते हैं वे
और हाय हाय कर दिखाते हैं
कि लोग इसमें मरते हैं
इतिहास साक्षी है हजारों युद्धों का
किसीने मौत, बीमारी, बर्बादी के सिवा
कुछ दिया हो याद नहीं
तर्क से लाख वे दर्द को छिपाते हैं
और जारी रखते हैं हथियार की खोज बिक्री .
अफसोस क्रूर, धूर्त, झूठे को ही हम नेता बनाते हैं
आयुद्ध धर्म, भाषा, नागरिकता नहीं जानता
पक्ष विपक्ष कुछ भी नहीं
वह मरेगा विध्वंस करता सब आसपास
वह जन्म से ही संहार की भाषा बोलता है
हमारे भीतर के द्वेष, नीचता को खोलता है
आओ पहचानों इस खेल को
क्रूरता अहंकार कैसे मानवता की बात बोलता है।